प्वाँख

नवीन प्राचीन

कवितासङ्ग्रह

nepa~laya

प्रकाशक : पब्लिकेसन नेपा~लय,
कालिकास्थान, काठमाडौँ
फोन : ०१-४४३६७७६६
इमेल : publication@nepalaya.com.np
www.publicationnepalaya.com

© लेखक

संस्करण : पहिलो, सन् २०२२
१

आवरण : नीलम भुर्तेल

ISBN : 978-9937-9530-1-6

Pwakh Poems by Nabin Prachin

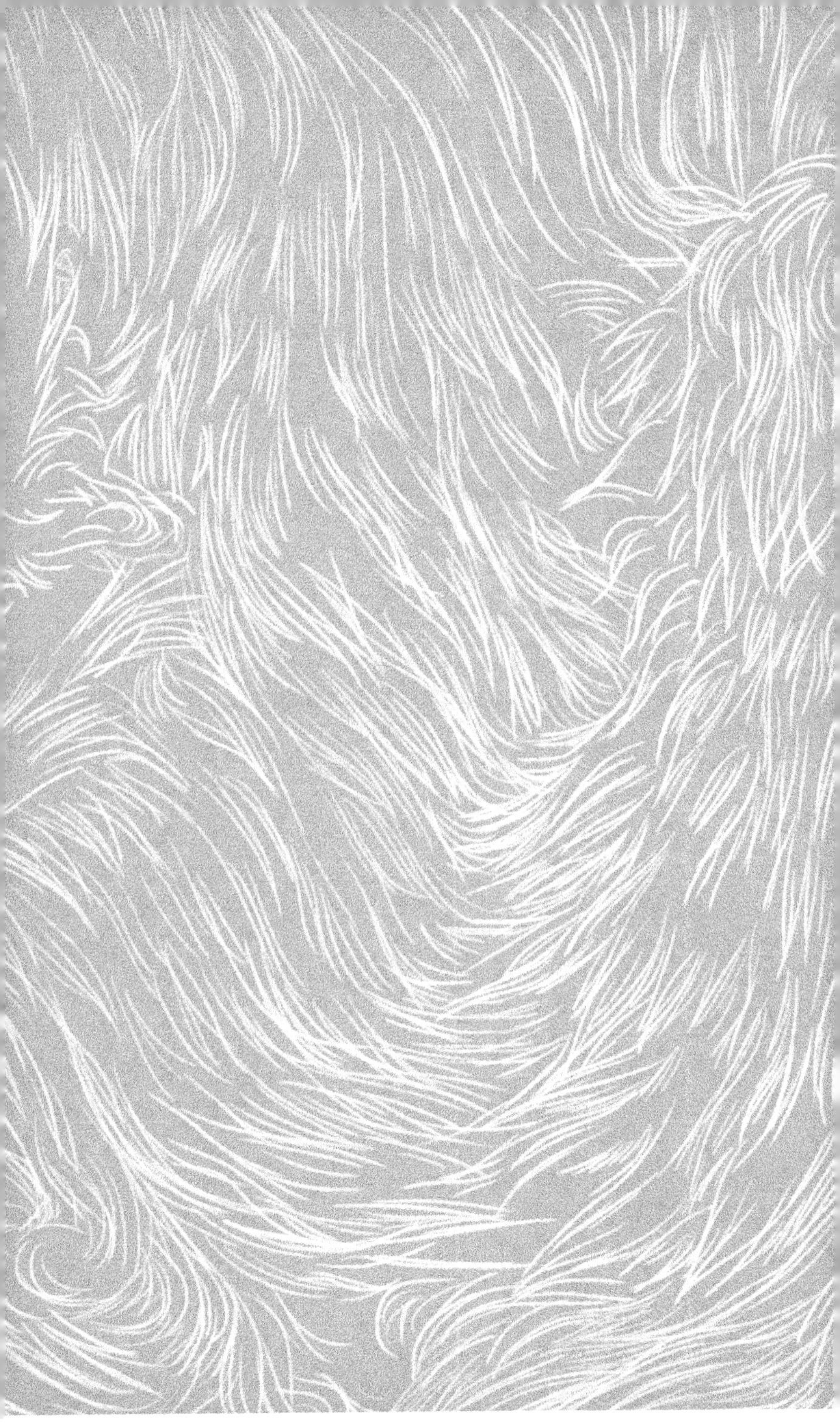

प्वाँख

तिमीलाई थाहा छ
उसले कत्ति धेरै भन्नु छ

आवाजले जति भन्छ
त्योभन्दा कैयौँ बढी

मौनताले जति भन्छ
त्योभन्दा पनि बढी

सृष्टिभरिको अँध्यारोको
रहस्यभन्दा पनि बढी

उसले भन्नुपर्ने कुरा
कहीँ अट्दैनन्

सायद कविता बन्छन्

यी कविताका अधुरापन
तिमीलाई
आफन्त लाग्न सकून् !

एक प्रेमीले लेख्न खोजेको
पहिलो प्रेमपत्रमा जत्ति नै
केरमेट होस्
पाण्डुलिपिमा

पुस्तक
त्यही पहिलो प्रेमपत्र भैदियोस्

– 'जाऔँ हिँड,
यी बन्धन पर
मोक्षको आकाशतिर'

– 'मुक्त होऊ
मोक्षको अभीप्सा समेतबाट
आकाश तिमीभित्रै छ'

आऊ नजाऔँ कहीँ
तर नबसौँ यहाँ पनि

'ध्यानस्थ भएको प्रथम प्रहरबाटै
तिमीलाई ब्युँझाउन
यहाँ अनेक कोसिस भए

एक म पनि थिएँ
जसको व्यग्र हृदयले
असङ्ख्य सङ्गीत बजायो
घुँघरु बाँधेका पैताला
जमिनमा बजायो

अनेक उत्सव, प्रार्थना,
उपासनाहरूको व्यर्थतापछि

युगान्तको
यो नीरवतामा

तिमी ध्यानस्थ वृक्षको
अन्तिम पात खसेसँगै
तिम्रा नयन उघ्रिए

यसको रहस्य
के हो ध्यानी ?'

सागरीय स्वरमा
उनले भने–
'मभित्र एक विशाल वृक्ष
मसँगै ध्यानमा बसेथ्यो

उसको अन्तिम पातको
अवसानसँगै
मेरा नयन उघ्रिए

प्रिय !
तिमी अर्को
कुन वृक्षको कुरा गर्दै छौ ?

कविता 'लेख्नु' ?
कस्तो धृष्टता !!

ऊ त,
उत्रन्छ

बतासलाई सोधेँ-

'तिमी कसरी यति विस्तारित
स्वतन्त्र
निर्मल
यायावर ?'

बतासले मेरो केश सुमसुम्यायो
अनुहार मुसार्‍यो

सोध्यो-
'मेरो वजन थाहा छ?'

म
प्रकाश र पानीलाई पनि
केही सोधूँ कि भन्दै थिएँ

असङ्ख्य लामखुट्टे निस्कन्छन्
हरसाँझ

जीवन जोगाउन
जीवन अरूको हत्केलामा छाडी

घर-घर
शरीर-शरीर
ओछ्यान-ओछ्यान

कुनै-कुनै
उनको झुलभित्र समेत पस्छन्

यसो हत्केलाले प्याट्ट पारिदिँदा
रातभरि निद्रा खलबलिन्

गर्न सक्दिनन् उनी
त्यतिसम्म पनि

उनका खसम उनलाई
परदेशबाट चिठी लेख्छन्

नवजात घामको मुहार
सुन्दर लाग्छ ?
शीतमा भिजेका फूल ?

शरदीय बिहान,
पारिजातको सुवास ?

अरू के-के ?

भर्खर कविता ओरालेको
कविको मुस्कान
देखेका छौ छेउबाट ?

म हिँड्नुअघि
उनीहरूले भने

- 'त्यहाँ त बाटो नै छैन
आजसम्म
कोही त्यता गएकै छैन'

म फर्किएपछि
उनीहरूले धाप मार्दै भने–

'हिजोआज
तिमी पहिलोपटक हिँडेको बाटो
मूलबाटो भएको छ'

मलाई लागेको थिएन
मान्छेहरू
यति अबुझ हुन्छन्

कसैको तस्बिर मुस्काइरहन्छ
मनको भित्तामा
त्यसकै मादकतामा लट्ठिएर
आफू भित्तो बनिन्छ

कसैको आवाज गुन्जिरहन्छ
पवित्र मन्त्रझैँ
हृदयको इयरफोनमा
आफू मन्त्रको छन्द बनिन्छ

श्वास लिँदा
प्रार्थनाको सुवास भित्र पस्छ

श्वास बाहिर निस्कँदा
हृदयको मैलो
थोरै भए पनि बाहिर निस्कन्छ

अन्तस् अझै
अलिकति स्वच्छ बन्छ

जीवनको कुनै उदास गल्लीमा
भौँतारिइरहँदा
प्रेमले जब तिमीलाई भेट्टाउँछ

तिमी पुतली बन्छौ
र बगैँचा आफैँ
तिमीलाई खोज्दै आउँछ...

मैले उसलाई
मेरो हत्याको
सजाय माफ दिएँ

र आफू
थुनामुक्त भएँ

अँ अँ ट्याक्क त्यहाँ
तिमी उभिएकै ठीक माथि

त्यो कुना समाऊ त आकाशको

साथी,
हामी को-को कहाँ छौं ?
आआफ्नो क्षितिजको आकाश
समाऔँ त

भयो ?

लु अब
सबै मिलेर
यसलाई तन्काऔँ

सृष्टिको प्रथम दिनभन्दा
आकाश निकै खुम्चिसकेको छ
र कत्ति धेरै थोक
बाहिर परेको छ,

जहाँ-जहाँ उभिएका छौं हामी
आफू माथिको
आकाशको कुना समातेर
अलिकति तन्काऔँ न है ?

ब्रह्माण्ड ध्वस्त बनाइसकेपछि
सोधियो उसलाई

– 'के राखेको थिइस्
त्यति खतरनाक
त्यो हतियारमा ?'

उसले रुँदै भन्यो-
'बस्
एक बुँद
हृदय भित्रको विष'

प्रिय दुश्मन
बाँचेरै सताउँछु
तिमीलाई

किनकि
भूत हुन्छन् कि हुन्नन्
थाहा छैन मलाई

मैले मेरो आँसु
हावामा
बाफ बनाई लुकाएको छु

बस,
कुनै जाडो

हावा
तिम्रो झ्यालको सिसामा
नठोक्कियोस्

बिर्स मलाई
तिमी पनि,
जसरी अक्सर
सम्झन्नँ,
म कोही

सम्झना आओस् त,
हाँसोको चरममा पुगी
आँखा रसाएका बेला

खुसीले हृदय भिजिसकेर
सुक्दै गर्दा
उठ्ने बाफसँग

अथवा

हिँड्दा–हिँड्दै
चप्पलको लोती चुँडिँदा

साँझमा चराहरू
ढि... लो गरेर गुँड फर्कंदा

घरमा बलिरहेको बत्ती
अचानक निभ्दा

जीवनको डुङ्गा
ढल् पल्
ढल् पल्
ढ..ल..प..ल् गर्दा

कुनै उत्सव सकिएर
पाहुनाहरू फर्किसकेपछिको
नीरवतामा

हृदयले गाउने
सबैभन्दा उदास गीतको
लयसमेत बिर्सेर
सास
रोकिन्छ कि
भनेझैँ हुँदा

अथवा

जति बेला
दुःख र सुखले पनि छोडेर जान्छन्
र पूरै रित्तो हुन्छ हृदय

त्यति बेला...

कुनै आवारा हावाको झोँक्काजस्तो
आएँ भने सम्झनामा

लाग्नेछ
म तिम्रो हृदयको सबैभन्दा नजिक छु

जसरी
तिमी छौ
मेरा लागि

बिर्स मलाई

एक दिन
ईश्वर आई भक्तलाई भन्यो-
'हिँड,
म तिमीलाई मेरो घर लैजान्छु'

भक्तले भन्यो-
'यो सबथोक छोडी
कहाँ जाऊँ प्रभु ?

बरु
एउटा मन्दिर बनाइदिन्छु
यतै बस्नुहोस्'

केही हृदय छन् अझै
एक मुस्कान,
धन्यवाद
वा
सामान्य प्रशंसाले पनि
तृप्त हुने

ती हृदय बाँचुन्जेल
बाँचिरहनेछ संसारमा
इमान

जब तँसँग
आँखा जुधाउँछु
ए जिन्दगी

मलाई आफ्नो आकार
थाहा हुन्छ

जम्मा
तेरो आँखाको नानीमा देखिने
मेरो आकृति जत्रो

एक शून्यता
मभित्र
घर बनाई बसेको छ

एक सन्नाटा
मभित्र
हरदिन रियाज गर्छ

एक भय
मभित्र
हरप्रहर झाँङ्गिँदो छ

बस् एउटै खुसी छ

कहिलेकाहीँ
प्रात: यात्रामा निस्किएको भन्दै
कहिले सँगै चिया पिउने बहानामा

बाटो नकाटी
कविता
हृदय खटखटाउन आउँछ

थाहा छैन
कहिलेसम्म आउँछ

साँझ पुगेथेँ, खोला किनार
बालुवामा कोरेँ, तिम्रो नाम

फर्कने बेला महसुस भयो

तिम्रो नाम
कसरी बगरमा एक्लै छोडी जाऊँ ?
मेटाऊँ कसरी ?

त्यही साँझबाट
यही किनारमा उभिएको छु

गाडिएका छन् अब त
बगरमा जरा

उनीहरू सोधिरहन्छन्
कसरी बस्छौ
यो अनकन्टारमा एक्लै ?

के म उनीहरूलाई
मेरो हृदयको बगर देखाइदिऊँ ?

कहिलेकाहीँ
आफ्नै सहजतालाई
जुत्ताको माला लगाइदिएर
खाली खुट्टा दौडिऔँ

कहिले पिइदिऔँ आगो
तिर्खा लागोस् आगोकै

तोडौँ केही सीमा आफ्नै

उक्लिऔँ
ओ
रा
लो

ओर्लिऔँ
आफ्नै दम्भको सगरमाथा
र धुलो भइजाऔँ

उडौँ... उडौँ...
यस्तरी उडौँ
जसरी बालक उड्छन्
परिकथा सुनेको भररात

उर्लिऔँ
भलै खहरे
आफ्नै बाँध त भत्काऔँ

मिसिऔँला नदीमा
या सुकिजाऔँला
बगरको तिर्खा पासोमै

आऊ
आज दौडिऔँ खालीखुट्टै
सम्झाइदिऔँ, पैताला र जमिनलाई
उनीहरूको आदिम सम्बन्ध...

कुनै दिन कुवामा थिएँ
भ्यागुतो

एक तरङ्गले
तलाउ हुँदै
सागरसम्म लिई आयो

उही तरङ्ग भनिरहन्छ–

'अझै तिमीलाई
संसार देखाउनै बाँकी छ'

ऐँठन परिरहेको एक बिहान
बतासको झोँक्काले
कसो-कसो उघ्रिएछ
झ्यालको पर्दा
आँखामा परेछ उज्यालो

– ब्युँझिएछु

ओह !!
ब्युँझने त उज्यालोले रहेछ

मलाई
हृदयमा उज्यालोको खोजी छ अब

निकै लामो भयो
यो निद्रा

सबैभन्दा बलिया हुन्छन्
सपनाका पखेटा

नडराऊ,
विश्वास गर
आफ्ना सपनाका पखेटालाई

मान्छेले आजसम्मका सबै उडान
तिनै पखेटाका भरमा
भरेको हो

बिस्तारै उनीहरू सबै
उस्तै देखिँदै गए
सबैले उही मुकुन्डो लगाएझैँ

त्यस दिनबाट
काव्य,
सङ्गीत,
रङ,
नृत्य,
चित्र

सबै-सबै

बिलाउँदै

बि... ला... उँ... दै...

गए

पृथ्वी
फेरि एकपटक
हिमयुगमा प्रवेश गऱ्यो

तर यसपटक हिउँ
मान्छेका हृदयमा जमेको थियो

श्री अस्तित्व उवाच–

यस भवसागरमा
तेलको थोपाजस्तो
उत्रिएर रहू

मेरो दियोमा
प्रकाश बन्ने अवसर पाउनेछौ

उसले
मेरो खुसीको हिमालबाट
एक मुठी हिउँ उठाएर
अचम्म मान्दै भनी-
'अरे ! न्यानो हिउँ ?'
अनि थोरै मुखमा राख्दै सोधी-
'कसरी नुनिलो ?'

कसरी भनूँ ?
मैले यो खुसीको हिमाल
आँसुको सिङ्गो सागर जमाई
उभ्याएको हुँ

हिलोमा थिएँ
मन परिरहेथिएन हिलो
कसो-कसो ओभानोमा आइपुगेँ

अहिले थाहा पाउँदै छु
कमलको बिउ पो रहेछु

हृदयको भार पन्छाई
पानाहरूमा राखिदिन्छु

तिमी छौ एक
शब्दप्रेमी

तिनलाई
कविता भनिदिन्छौ

यसरी
प्रेमले
पत्थरलाई

कवितामा बदलिदिन्छ

हिँड्दै गर्दा नबिर्सनू,
छोड्नेछन् डोब
पाइतालाले,
पच्छ्याउनेछन्
तिनलाई कसैले

नबिर्सनू हिँड्दै गर्दा
तिमीले टेकेको माटो/बाटो
तिम्रो मात्र हैन

जसरी अघि हिँड्नेले
बिर्सिएका थिएनन्
भविष्यको गर्तबाट उदाउँदै गरेको
तिमीलाई
र सुरक्षित राखिदिएथे
वर्तमान

बस् नबिर्सनू
हिँड्दै गर्दा
आफूभन्दा पछि आउनेलाई पनि

चाहे दूर क्षितिजसम्मै
कोही नदेखियोस्

सादाले छुन्न,
सरल, शान्ति,
सुस्त हिँड्नु, रित्तो बस्नु
पट्यारलाग्दो हुन्छ ?

चम्किला रङ, चम्किलो जीवन
चर्को सङ्गीत, चर्को स्वाद
सबथोक
भव्य नै चाहिन्छ ?

किन ?

निद्रा जति गहिरो छ
ब्युँझन उति ठूलो आवाज चाहिन्छ

यस्तो छुच्चो हुन्छ
सम्झना कहिलेकाहीँ,

भर्खरै सम्झना
आफ्ना औँलाले
मेरा आँखा
क्वाच्च घोचिदिएर भाग्यो

के तिमीलाई पनि
कहिलेकाहीँ
कसैले सोधिदिए
संसारकै सबैभन्दा भारी चीज

जवाफमा
'मन' भनिदिन्थे
जस्तो हुन्छ ?

सेताम्मे फुलेर ओइलाउँदै गएका हामी
बसेका छौँ
भर्खर फक्रँदै गरेका रङ्गीन फूलमाझ

पुतली हत्केलामा राखी उडाउने
पुरानो बानी हो मेरो

पुतली समाउने
र मेरा हत्केला सजाउने
पुरानो जिम्मेवारी हो उनको

आज फेरि वर्षौँपछि दौडिँदै छन्
आफ्नो हृदयकी फूलको हत्केलामा
पुतली राखिदिन उनी

उहिले घण्टौँमा
मुस्किलले सजिने मेरा हत्केला
छिनछिनमै सजिए यसपाला

फुलेको टाउको बोकी हिँडेपछि
पुतली आफैँ आउने हुन् कि ?

तर पटक्कै खुसी भएनन् उनी

छेउ आई भने-
'हामीजस्तै हुन्थे ऊ बेला पुतलीहरू
बिलकुल हामी बच्चाजस्तै

कता-कता उडी जाने
भागी हिँड्ने
हातमा हत्पत्त आउँदै नआउने
आवारा
चञ्चल
एकदम चञ्चल

हिजोआज त पुतली पनि
फेरि हामीजस्तै भएछन्
बेजान
अल्छी
सुस्त
निष्क्रिय

बिलकुल...
निष्क्रिय

सायद अचेल बच्चाहरू
उनीहरूको पछि दौडन्नन्'

अनिँदो बित्नेवाला छ
यो रात

तिम्रा सम्झना
मलाई खुट्टा बोकाएर
मस्त निदाएका जो छन्

याद होला अझै त तिमीलाई
कसैले छोयो मात्र भने पनि
निद्रा आउँदैन मलाई

अस्तित्वले
अनन्त ब्रह्माण्ड बनायो
बनायो आफ्नो प्रिय सन्तान
मान्छे

उसले मान्छेलाई
सिङ्गो ब्रह्माण्ड
उपहार दिन खोज्यो

तर मान्छेको सानो संसारमा
ब्रह्माण्ड अटाउन सकेन

त्यसपछि
अस्तित्वले
उसको प्रिय सन्तानको हृदयमा रोपिदियो
'प्रेम'

आकाशमा उड्ने चरालाई समेत
जरा चाहिँदो हो

त्यही भएर उसले
रूखमा गुँड बनाउँदो हो

कसैकसैले
तिम्रो हृदयमा
घृणाको अगुल्टो झोसिदिन सक्छन्

आफ्नो हृदयको बारुद
सुरक्षित राख्नू

त्यसमा अगुल्टो पर्न नदिनू

ऊ एकछिन धुवाँएर
आफैँ निभ्नेछ

सपनामा भेटिएथ्यौँ हामी

तिम्रो ठेगानासमेत लिन नपाई
खुलिगयो निद्रा

त्यस रातदेखि
सधैँ अनिँदो छु

आकाश देखेर
सागर सोच्दो हो

'हावामा तैरिरहेको
अर्को सागर छ त्यहाँ
मेरै रङको'

आकाश सोच्दो हो
देखेर सागर

'म मात्र छैन शून्य
ऊ पनि छ
मजस्तै रित्तो-रित्तो

छातीमा
पीडाको नील लिई बाँचेको'

सागर र आकाश
कहिल्यै नजिक आउँदैनन्

उनीहरू
एकअर्कालाई
आफूजस्तै ठानी
अनन्त प्रेममा डुबिरहन्छन्

मान्छेहरू त्यसो गर्दैनन्

म एक प्यासी हुँ
मलाई
वनस्पतिका प्रकार हेरेर
तलाउको दिशा अनुमान गर्न आउँछ
तर
म
तलाउमा पुगिसकेको छैन

ऐना हेरेका छौ कहिल्यै ?
को बस्छ त्यहाँ ?

सबैले
मै हुँ त्यो भनेको सुन्छु

मलाई थाहा त छैन
तर
केही फकिरले भनेअनुसार
स्वर्गमा पनि
जम्मा एउटा ऐना मात्रै छ रे

उनीहरूले आजसम्म
त्यहाँको ऐनामा पनि
ईश्वर देखेको कुरा गरेनन्

अस्तित्वको
विराट पखेटाबाट खसेको
एक प्याँख हुँ

बतासको लयसँग
बेपर्बाह,
बर्तिंदै-बर्तिंदै

बतास नै भई
उड्दाउड्दै

आइपुगेको छु
तिम्रो हृदयमा
अल्झिन

अब कतै जान मन छैन
बिसाउन मन छ यात्रा

राख्यौ भने जतनले
अरू त के नै सकूँला र !

सबथोक कठोर भएछ भने
कुनै दिन तिम्रा लागि

कोमलताप्रति
विश्वास उठ्न दिनेछैन

जाबो एक प्वाँख न हुँ

अस्तित्वको
विराट पखेटाबाट खसेको

आइपुगेको छु
तिमीले पल्टाउने
पानामा
अल्झिन

भन्नै लागेको रहेछु
म तिमीलाई प्रेम गर्छु

ओह !
जहाँ 'म' छ
जहाँ 'तिमी' छ
त्यहाँ 'प्रेम' कसरी छ ?

फेरि सोच्छु
जहाँ 'म' छ
जहाँ 'तिमी' छ
त्यहीँ नै 'प्रेम' छ

तर
यहाँ न तिमी छौ
न म छु
न प्रेम नै छ

यहाँसम्म ल्याइपुर्‍याउने
'तिमी', 'म', 'प्रेम' लाई नमन

ओह !
शून्य

निर्वाण

आङ्मा खरानी घसेर
वा त्रिशूल, चिम्टा,
सितार, मृदङ्ग बोकेर

कुनै चौतारो,
गल्ली,
व्यस्त सहर,
अनकन्टार
वा जहाँसुकै

दुनियाँदारीदेखि पर
एक्लै हाँस्दै
मुस्कुराउँदै
बरबराउँदै
खुसीले चिच्याउँदै, उफ्रँदै
मनमौजी गीत गाउँदै

आफैँमा मग्न कोही
मस्त नाचे
वा बेफिक्री हाँसेको देखे

छोडीदिनू तिनलाई
त्यस्तै

तिनीहरू
अस्तित्वले
खुसी जोगाउन नियुक्त गरेका
दूत हुन्

चप्पल हातमा बोकी
चप्पल खोजिरहेको
बालकझैँ लाग्छ

जब देख्छु
खुसी खोज्न
संसार छोडी हिँडेको
कोही

प्वाँख

जति टाढा उडे पनि
गुँड बिर्सँदैन पन्छी

सोधिहेर न आफूलाई
के सम्झिरहन्छौ तिमी
जति पर पुगे पनि

तिम्रो गुँड त्यही हो

तिमीले माफी दिएँ भनिसकेको
यत्तिका समयपछि पनि
आफैँसँग
फर्की-फर्की माफी मागिरहन्छु

लागिरहन्छ,
कतै तिमीले
यसै मन राखिदिन मात्रै
'माफ दिएँ' भनेथ्यौ ?
कतै मैले दिएको चोट
अझै चहऱ्याइरहन्छ कि तिमीलाई ?

या हुन सक्छ
साँच्चिकै तिम्रो हृदय आकाश हो
मैले दिएको चोट बर्सेर बिलाइसक्यो

त्यसै भएको होस्
बिन्ती त्यसै भएको होस्...

कहिलेकाहीँ गल्तीले
अरूलाई भन्दा बढी गहिरो चोट
सायद आफूलाई लाग्छ

जो सायद कहिल्यै निको हुन्न

ऊ जति-जति पाक्छ भित्रभित्रै
सायद हाम्रो जीवन उति-उति नरम बन्छ

आकाशमा उड्छन्
सपना

जमिनमा अड्किएका छन्
पैताला

थाहा छैन
आफ्ना पखेटा मैले
जुत्तासँग कहिले साटेँ

मौन छु
मतलब यो हैन
आवाज गुमाएको छु

हरमध्यरात
बेसुरा राग अलापेर
दुनियाँको शान्ति बिथोल्ने
ओ स्वघोषित उस्ताद !!

मौनता त मेरो
रियाज हो

कर्म हैन
नियत हुन्छ बिउ
जीवनको बागवानीमा

पक्का गर
के रोप्दै छौ

मैले
फसल उठाउने बेला
किसानहरूको गुनासो
सुनेको छु

मेरो हृदयको भाषा
कसैले बुझ्दैन भन्ठानेर
आफैँसँग मात्रै बात मार्दै

एक्लो

एक्लो

बसिरहेछ कोही

दुरुस्तै
तिमीजस्तै

जब भेट्नेछौ उसलाई
दुई हृदय
फेरि कहिल्यै चुप होलान् के
भनेजस्तै गरी बोल्नेछन्

'अनन्त ब्रह्माण्डमा को व्याप्त छ ?

को सङ्गीतका झङ्कारमा बस्छ ?
जीवनको अमृत पिउँछ ?

एकान्तमा
तिमीलाई रुवाई जाने को हो ?
बाटामा एक्लै
तिम्रो हाँसो फुत्काउने को हो ?

को हो त्यो
जसले हरश्वासमा साहस भरिदिन्छ ?

आफूसँग आफैँलाई
नौलो बनाइदिने को हो ?

को हो त्यो
जसले तिमीलाई
सबैभन्दा नजिकबाट चिन्छ ?'

हृदयले जवाफ
सुस्तरी
बतासको कानमा फुसफुसायो...

जिन्दगीलाई भनेँ-
'मलाई तँसँग केही गुनासो छैन ।'

जिन्दगीले भन्यो-
'माफ गर् यार,
म तँजति
महान् हुन सकिनँ'

कस्तो संसार बनायौँ हामीले ?

इमानदार भन्छ–
'बाँच्न गाह्रो छ'

सन्नाटामा
आफ्नै सासको आवाज
आँधीजस्तो लाग्छ
भुइँचालो लाग्छ
धड्कन

आफ्नै छायाले लखेट्छ आफूलाई,
आफ्नै पैताला बिझाउँछ

पराई लाग्छ
ऐनामा देखिने आफ्नै प्रतिविम्ब
सबैभन्दा भारी लाग्छ
आफैँलाई आफ्नो मस्तिष्क

सन्नाटामै गाउँछ
जीवनले सबैभन्दा डरलाग्दो गीत

हृदयमा बज्छ
भूतको चलचित्रमा बज्नेजस्तो सङ्गीत

सन्नाटामै हो
आँखामा हरदम तुवाँलो लाग्ने
हरेक रङ अँध्यारो देखिने
हिँड्दाहिँड्दै बाटो सकिएझैँ
जीवन लामो न लामो
कहिल्यै नसकिने डरलाग्दो सुरुङझैँ
दु:स्वप्नले भरिएको यात्राझैँ लाग्ने

चारैतिरबाट सर्पले डस्न खोजेजस्तो
चारैतिरबाट बिच्छीले घेरेजस्तो
आकाशले थिच्न
ब्रह्माण्डले किच्न खोजेजस्तो
सबथोक हुन्छ

जब सन्नाटा छाउँछ

र सन्नाटा तब छाउँछ

जब हामी
आफैँभित्र बजिरहने सङ्गीत सुन्न छोड्छौँ
आफू भित्रको बाँसुरी फुटाउँछौँ
नर्तकको खुट्टामा नेल ठोक्छौँ

गाउन देऊ हृदयलाई
उसको आफ्नै भाषाको गीत
नाच्न देऊ छमछमी
आफ्नै पागलपनमा

नरोक नछेक
बस् हेर,
हेरिरहू उसलाई

कहिलेकाहीँ आफ्नै दर्शक बन

म–
'यसरी अनिदो
कतिन्जेल बस्ने हो र ?'

मन–
'सम्झनाहरूको सिरानी लगाई
निदाउन कहाँ सकिन्छ र ?

यो कोलाहलमा
तिमीसम्म
यो मधुरो, अधुरो
आवाज आइपुग्यो भने

थाहा पाउनू
यी शब्द, अक्षर, आवाज
तिम्रै हुन्

यी देखे-देखे जस्ता लाग्ने
यी सुने-सुने जस्ता लाग्ने
यी भेटे-भेटे जस्ता लाग्ने कुराहरू
सबै-सबै तिम्रै हुन्

म नै थिएँ
जसले सान्त्वनाका भुजियासँग साटेर
तिम्रा पुराना दुःख लिई गएथें

आज ती
नयाँ कविता बनेका छन्

प्वाँख

नदीजस्तो हुन्छ प्रेम
जब तिमी हृदयको फाँटमा
नदी बग्न दिन्छौ

नबिर्सनू,
त्यसले हृदयको केही भाग
बगर पनि बनाउनेछ

बेहोस हुन पिएको
बहाना गर्नेहरू

पहिला भनिदेऊ न

कहिले चाहिँ
होसमा छौ तिमी ?

मलाई
त्यो मद पिउनु छ
जसले
यो नित्य बेहोसी
उडाइदियोस् मेरो

आफूभित्र एक
ओखर मन राखेर
बसेको रहेछु

तिमी आयौ
प्रीतको लोहोरो बोकी

फुटाइदियौ
कहिले बडो निर्मम भई
कहिले एकदम जतनले
मेरो ओखर मन

निकालेर त्यसको गुदी
चखाइदियौ
मलाई पनि अलिकति

आफूभित्र एक
ओखर मन राखेर
बसेको रहेछु
कहिलेदेखि

तिमी नआउन्जेल
कहाँ थाहा थियो ?
म पनि
यत्ति स्वादिलो छु

जुनसुकै व्यवस्था,
भूगोल,
समय,
वा युगमा

फाँसीको तख्ता चढाइनु,
छातीमा गोली दागिनु,
विषको प्याला पिलाइनु
वा
निर्घात पिटिएर-रेटिएर
मारिनुअघि

आँखामा आउँछ
आकाशतिर उठिरहेको एक मुट्ठी
कानमा गुन्जन्छ
न्यायका पक्षमा गर्जिएको अभय आवाज
र
मेरा पुर्खाले भनेझैँ
मृत्युको ठीक अघि
सुने, देखे र सम्झिएको
ऊर्जाको स्वरूपमा
म बारम्बार जन्मिरहन्छु

संसारको
जुनसुकै कुनामा उठ्ने
मुट्ठी मध्येको
एक औँला म हुँ

संसारभर
समताको पक्षमा उठ्ने
आवाजमध्येको
एक स्वर म हुँ

म
तिमीलाई जिउँदो राख्न
तिम्रो छातीमा बलिरहेको आगो हुँ

म सधैँ तिमीसँगै छु
हुनेछु...

अस्तित्वलाई जब
कविता सुन्ने इच्छा हुन्छ

उसले कविलाई
मध्यरात ब्युँझाइदिन्छ

एक असल कविको हृदय
घारजस्तै हुन्छ
निरन्तर भुनभुनाइरहने
अलि-अलि गर्दै
मह जम्मा हुने

हृदयको रानो जोगाइराख्नु
अनि
मौरीहरू बिच्किएर
आफैँलाई टोक्ने खतराबाट
बच्नु
कविको चुनौती हो

सायद तिम्रा लागि
म
इन्द्रेणीको पहाड हुँ

म भत्किए मात्र
तिम्रो जीवन
सप्तरङ्गी बन्छ

अहो !
कहाँ छोडी आएँ
मैले आफ्नो आकृति

यो तप्त मरुभूमिमा
एक्लै हिँडिरहेछु
छाया

बतासमा नाचिरहेका
सिकारु सङ्गीतकारका औँला
झ्याल, ढोका थुनी
एक्लै
नृत्यमग्न पैताला

रङ घोलिसकेर
रित्तो क्यानभास हेरी
टोलाइरहेका आँखा

सन्तानको अपेक्षामा
वीर्यधारण गरिरहेकी महिला

आफ्नै हृदयसँगको संवादको बेचैनीले
एक्लै यात्रारत फिरन्ते
या
कुनै पारिलो बिहान
जमिनमा बिउ रोपिरहेको किसान
निद्रामै मुस्काइरहेको नवजात शिशु
जनावरलाई गीत सुनाइहिँड्ने गोठालो

वा
प्रेमको भजन गुनगुनाई डुल्ने फकिर

देखेका छौ कतै
अचानक ?

याद छ ?
सोधेका थियौ कुनै दिन–
'मन्दिर, मस्जिद, चर्च, गुम्बा कतै नबस्ने
तर तिम्रो कवितामा आइरहने
ईश्वर
कहाँ बस्छ ?'

यसरी तर्साएछन्
व्यापारीले मलाई

अदालतमा समेत
तराजु देख्दा
डर लाग्छ

प्वाँख

आवारा बादल
आकाशमा थिएँ
बताससँग डुल्थेँ
पहाडसँग साउती मार्थेँ

अहिले
धारा टुटीमा
तिम्रो स्पर्श
पर्खिबस्ने भएको छ

हरेक मान्छे
एक दु:खी लकर हो

जसले
अरूको मन सुरक्षित राख्ने
जिम्मा पाएको हुन्छ

मनको छिँडीमा उम्रिएका च्याउ
विषालु हुन्छन्

कोही हुन्छ घामजस्तै

उसलाई बोलाऊ,
सुनाऊ,
मनको छिँडी डुलाऊ

– ‘को होला त्यस्तो ?’

मनैलाई सोध न
उसैलाई थाहा हुन्छ

कोही त पक्का हुन्छ

हरेक मनको
एउटा घाम हुन्छ

एकैछिन पर्ख
थकाइ त मार
लामो श्वास लेऊ

परम्पराले बोकाइदिएका
भारी
बिसाऊ

सधैँ अघि हुनुपर्छ भन्ने
दिमागमा बसाइएको कोरा
चुँडाल

यात्रामा तिर्खा मेटेको नदीलाई
आभार त भन्यौ ?

पसिनाले भिजेको
मुहार सुमसुम्याइदिने
बतास त चिन्यौ ?

किन सधैँ यति हतार ?

बिस्तारै जाऊ
ए जीवन योद्धा
बिस्तारै जाऊ

अक्सर
दुनियाँ जित्न हिँडेकाहरू
आफैँसँग हारेको
देखेको छु

म त त्यहीँ थिएँ
तपाईंको पैतालामा

मलाई कुल्चिएर भन्नुभो
'पैतालामा आँखा हुन्न ।'

आज म तपाईंको
आँखामै पसेको छु

प्वाँख

मान्छेहरू
यसकारण
बोलिरहन्छन् कि,

कसैले
उनीहरूको
मौनता नसुनोस्

आऊ,
एकछिन बात मारौँ
बिना कुनै उद्देश्य, सन्दर्भ
नियमहरू बन्ने
नियमभन्दा पर

आऊ, एकछिन बात मारौँ
बतास टेकिहिँड्ने
बादलमाथि दौडिने
आकाशभन्दा परको आकाशबारे
अथवा
जङ्गली फूलको सुगन्धले लट्ठिएको
कुनै फकिरको
अर्धचेती सपनाजस्तो

कविताका कोमल पैताला
भनिरहन्छन् सधैँ

म एक छु
जो हरपल
नियमका दाम्लामा बाँधिएको छु

पुस्तकका पानाबीच
जसले राख्यो होला
पहिलो पटक
मयूर प्वाँख

उसलाई लाग्थे होला
ती पाना

किशोरवयमा
एकतर्फी मन पराएको
प्रेमीको
सम्झनाझैँ

जसलाई
जीवनको जुनसुकै क्षणमा
जतिसुकै पटक
पल्टाई हेरे पनि
मयूरी लाग्छन्

बस्,
त्यस्तै केही पाना
बाँचियोस्

अक्षरहरूमा
जीवनमा

कोही आई
केही छोडी जान्थ्यो
सिरानमुनि

तिनैलाई भेला गरी
तिमीलाई सुनाउँथें

धेरै भयो
सिरान रित्तो हुन थालेको

तिमी भने
सोधिदिन्छौ सधैँ

'आँखा किन अनिदा ?'
'खै नयाँ कविता ?'

बस्
अब म
त्यो खुद्रा पैसाजस्तो हुँ

जो, कुनै काउन्टरमा
Keep the change
भई बस्छ

कतै
शून्यान्त मिलानमा
हिसाबबाट हराउँछ

कुनै खल्तीबाट
आँखैअघि खस्दा पनि
न खसाउनेले वास्ता गर्छ
न देख्नेले उठाउँछ

समयसँग
सबैथोकको
मूल्यसूची हुने रहेछ

एक समय म पनि
कुनै ओठको
सिङ्गै मुस्कान हुने
हैसियत राख्थेँ

कहिलेकाहीँ
झिसमिसेमै उठ
कहिले
पूरा रात अनिदो बस

कहिलेकाहीँब
कहिल्यै जान्नँ
भनेको ठाउँ जाऊ
कहिल्यै गर्दिनँ भनेको कुरा
गरिहेर

जसरी
प्रतिक्रिया जनाउँथ्यौ
सबथोकमा
ठीक उल्टो गर

कहिलेकाहीँ
दिनभर सुतिदेऊ
र रातभर एक्लै
कुनै यात्रामा जाऊ

९५

आकस्मिक बन

यी सबै अनियमिततामा
यी सबै आकस्मिकतामा

तिमीले थाहा पाउनेछौ

तिमीभित्र
को-को बास बस्छन्,

उनीहरूले
कुन-कुन भाषा बोल्छन्

कुनै दिन
यायावर थिएँ

हिमाल उक्लनु
खोँच झर्नु
समुद्र चिन्नु
मरुभूमि तर्नु थियो

नदीको सङ्गीत सुन्न
जङ्गली फूलको सुगन्ध
श्वासमा भर्न

मानिसका आँखाका
सपना पढ्न

सयौँ यात्रा गरेँ

ब्युँझिहाल्छु कि कतै भनी
निर्जन वनहरूमा रात बिताएँ

निर्जीव पखेटा जोडी
आकाशमा कावा खाएँ

खुट्टामा डोरी बाँधी
भीरबाट हाम्फालें

अहिले
आँखा चिम्लेर बसेको
वर्षौं भयो

मैले असङ्ख्य
समुद्र
वन
मरूभूमि
ताल
झरना
नदी

चिन्नै बाँकी रहेछ

अनगिन्ती हिमाल
ओर्लनै बाँकी रहेछ

अहो !!
कति थिए पन्छी
यिनै हाँगामा
गुँड बनाइबसेका

कति थिए बचेरा
चिरबिर-चिरबिर

उडी गए,
कता-कता
आएनन् फर्किएर कहिल्यै
बास बस्नसमेत

उनीहरूले छोडी गएका
केही प्वाँख
राखेको छु जतनले
मेरै पातहरू जसरी

उनीहरूले टेकेका
पाइतालाका काउकुती
सँगालेको छु
वसन्तका सम्झना जसरी

कहीँ अल्झिगएको
छ-छैन होला
मेरो हरियाली उजाडी
कुनै पात, कुनै सम्झना
कुनै अवशेष
उडी जानेका प्वाँखमा ?

म
जीवनको अन्तिम शिशिर बाँचिरहेको
बुढो रूख

धमिलो गरी सम्झन्छु
कहिलेकाहीँ

ए!! उडी जानेहरू,
तिमीहरूका पखेटा
सधैँ बलिया रहून्

तिमीहरूले
बतासमा कावा खाँदा
जमिनमा गाडिएका मेरा जरा

आकाशको आनन्द लिन्छन्

म कपुर होऊँ
बास्नादार कपुर

लागोस् तिम्रो प्रीतको
चर्को घाम

म उडी जाऊँ
बेपत्ता

बिलाई जाऊँ
अस्तित्वमा

कुनै दिन यस्तो आओस्

म कपुर होऊँ

अनि,
तिम्रो प्रीतको घाम लागोस्

चर्को

एकदम
चर्को...

बस्
एकथोक भन्नु छ
तिमीलाई

थाहा छैन
कहिलेसम्म
कविता लेखिरहन्छु

श्री रहस्य उवाच-
चाहे
पत्थरका मूर्तिलाई ईश्वर मानी
कागजका पाना परम सत्य ठानी
मस्जिदको शून्यतामा ईश्वर भेटेर
वा
चर्चको क्रसमा मुक्ति देखेर

कुनै दु:खीप्रति करुणाले
या कुनै उज्यालो सपनाले

कुनै कलाले द्रवीभूत भएर
या कुनै श्रद्धाले अभिभूत भएर

बस्
तिम्रो शिर
निहुरियोस् कहीँ

बस्
तिम्रो अहम्
खुम्चियोस् कहीँ

१०३

ईश्वरको काम
त्यति नै हो

वेद, धम्मपद, बाइबल, कुरानको काम
त्यति नै हो

साहित्य, कला, दर्शन, अध्यात्म
सबैको काम त्यति नै हो

प्रेमको काम
त्यति नै हो

मेरो काम
त्यति नै हो

यो,
जे तिमी महसुस गर्दै छौ
जे छ, जस्तो छ

ओह!!
केले बताउन सक्छ ?

संसारभरिका शब्द, एकातिर
संसारभरिका कविता, एकातिर
संसारभरिका कला, एकातिर

तिम्रो
अँ यार तिम्रै

एक सास, एकातिर
परेलाको एक चाल, एकातिर
एक मुस्कान, एकातिर

बिर्सेर सबथोक
बस्-बस्
आफ्नो झिम्किरहेको परेलाको चाल
महसुस गर
धड्किरहेको
हृदयलाई सुन

आफ्नो सास
अँ क्या !
अहिले
जो तिम्रो शरीर भित्र-बाहिर गर्दै छ

उसलाई
पाहुनालाई जस्तै स्वागत र बिदाइ गर

ओह!
जे तिमी महसुस गर्नेछौ

केले बताउन सक्छ ?

संसारभरिका शब्द, एकातिर
संसारभरिका कविता, एकातिर
संसारभरिका कला, एकातिर

तिम्रो
एक सास, एकातिर
परेलाको एक चाल, एकातिर
एक मुस्कान, एकातिर

लौ, अब एकपटक
आँखा चिम्म गर
यी शब्दहरू पनि
एकातिर...

अस्तित्वको
एक आवारा लहर थिएँ

ए धरती !
तिम्रो चरण स्पर्श गर्न आएथेँ

फर्किएँ

www.ingramcontent.com/pod-product-compliance
Lightning Source LLC
Chambersburg PA
CBHW070542160726
48003CB00004B/1833